BEI GRIN MACHT
WISSEN BEZAHL᠇

- Wir veröffentlichen Ihre Hausarbeit,
  Bachelor- und Masterarbeit

- Ihr eigenes eBook und Buch -
  weltweit in allen wichtigen Shops

- Verdienen Sie an jedem Verkauf

Jetzt bei www.GRIN.com hochladen
und kostenlos publizieren

Bibliografische Information der Deutschen Nationalbibliothek:

Die Deutsche Bibliothek verzeichnet diese Publikation in der Deutschen National-bibliografie; detaillierte bibliografische Daten sind im Internet über http://dnb.d-nb.de/ abrufbar.

Impressum:

Copyright © 2018 GRIN Verlag
Druck und Bindung: Books on Demand GmbH, Norderstedt Germany
ISBN: 9783346260437

Dieses Buch bei GRIN:

https://www.grin.com/document/935384

Büsra Tasdemir

Exilspuren in Klaus Manns Roman "Der Vulkan"

GRIN Verlag

GRIN - Your knowledge has value

Der GRIN Verlag publiziert seit 1998 wissenschaftliche Arbeiten von Studenten, Hochschullehrern und anderen Akademikern als eBook und gedrucktes Buch. Die Verlagswebsite www.grin.com ist die ideale Plattform zur Veröffentlichung von Hausarbeiten, Abschlussarbeiten, wissenschaftlichen Aufsätzen, Dissertationen und Fachbüchern.

Besuchen Sie uns im Internet:

http://www.grin.com/

http://www.facebook.com/grincom

http://www.twitter.com/grin_com

Exilspuren in Klaus Manns Roman *Der Vulkan*

Bachelorarbeit im Kernfachstudiengang

zur Erlangung

des Grades Bachelor of Arts (B.A.)

der Philosophischen Fakultät

der Heinrich-Heine-Universität Düsseldorf

von

Büsra Tasdemir

April 2018

Inhaltsverzeichnis

Einleitung

„Immer fand ich den Namen falsch, den man uns gab: Emigranten. Das heißt doch Auswanderer. Aber wir Wanderten doch nicht aus, nach freiem Entschluß [...] Sondern wir flohen. Vertriebene sind wir, Verbannte. Und kein Heim, ein Exil soll das Land sein, das uns da aufnahm."[1] Dies ist ein Auszug aus dem Gedicht *Über die Bezeichnung Emigranten* von Bertolt Brecht. Das Werk gehört zu seiner Gedichtsammlung „Svendborger Gedichte", die ursprünglich als „Gedichte im Exil" bezeichnet wurde.[2] Das Gedicht entstand, wie dem Titel der Sammlung zu entnehmen ist, in Svendborg auf Fünen und „[...] schildert die Verhaltensweise der Exilierten zu Beginn des Exils. Alle zugänglichen Informationsquellen über die Heimat wurden ausgeschöpft; keiner schlug im Exil Wurzeln, sondern betrachtete es als vorübergehenden Aufenthaltsort. Die Gewißheit der Rückkehr war vorhanden."[3] Brecht musste wie viele weitere bedeutsame Autoren, Lyriker und Dichter Deutschland nach der Machtergreifung durch die Nationalsozialisten verlassen. Die Jahre zwischen 1933 und 1945[4] waren für viele Schriftsteller, Filmemacher, bildende Künstler, Fotografen, Architekten, Tänzer, Komponisten und Musiker[5] eine Zeit, die zahlreiche Änderungen mit sich brachte. Diejenigen Künstler, die sich nicht der Ideologie des Nationalsozialismus anpassen konnten, waren gezwungen, ihre Heimat zu verlassen, da sie politisch verfolgt waren oder aufgrund ihrer Herkunft und Religion vertrieben wurden und sich so in Lebensgefahr befanden. Einige von ihnen verließen Deutschland aber auch freiwillig, darunter gab es viele Schriftsteller, die die Gefahr des Nationalsozialismus frühzeitig erkannten und diese auch schriftlich in ihren Werken kritisierten. Diejenigen, die das Land verließen, führte der Weg zunächst nach Europa und von dort aus emigrierten sie problemlos in die Staaten. Die seelischen Verwundungen, die die Exilierung mit sich brachte, wurden sehr oft in ihren autobiografisch erzählenden Werken verarbeitet.[6] Es gab aber auch zahlreiche Künstler, die ihre Heimat aus emotionalen Gründen nicht verlassen wollten oder aus diversen Verpflichtungen nicht konnten. Viele, die blieben, weigerten sich trotzdem, mit den Nationalsozialisten konform zu gehen und leisteten

---

[1] Brecht, Bertolt: Über die Bezeichnung Emigranten. In: Gesammelte Werke 9 Gedichte 2. Hrsg. v. Elisabeth Hauptmann. Frankfurt a.M. 1973, S. 718.
[2] Vgl. Bohnert, Christiane: Brechts Lyrik im Kontext. Zyklen und Exil. Königstein 1982, S. 75.
[3] Bohnert (1982). S. 135.
[4] Vgl. Schmidt-Bergmann, Hansgeorg: Exil, Widerstand, Innere Emigration, Badische Autoren zwischen 1933 und 1945. Eggingen Isele 1993, S. 7.
[5] Vgl. http://kuenste-im-exil.de/KIE/Web/DE/Navigation/Kuenste/kuenste.html (siehe Abschnitt „Künste") [Stand vom 05.03.2018].
[6] Vgl. Schmidt-Bergmann (1993). S. 11.

so eine Art „passiven Widerstand"[7]. Diese Art von Widerstand nennt sich „innere Emigration". Der Begriff ist geprägt von Frank Thiess[8] und beschreibt die Abgrenzung „[…] gegenüber allen Formen eines politischen Widerstandes, andererseits gegenüber Formen politischen Mitläufertums oder aktiver Parteinahme für den Nationalsozialismus."[9] Bezogen auf die Literatur in dieser Zeit steht der Begriff für „getarnt regimekritische Werke" und auch für Texte, „[…] deren Autoren in der Flucht in die Innerlichkeit ihre Unabhängigkeit zu bewahren, sich dem ideologischen Zugriff der Diktatur zu entziehen suchten."[10] Diese Haltung wurde von einigen Personen kritisiert, dazu gehört auch Walter A. Berendsohn. Er war der Auffassung, dass die Begriffsbildung „innere Emigration" die Emigration abzuwerten beabsichtigte. Diejenigen Künstler, die blieben und „innerlich emigrierten", versuchten sich meist, als die „besseren Deutschen" über die emigrierten Künstler zu erheben.[11] Zudem betont Berendsohn, dass diejenigen, die ihre Gegnerschaft in Wort und Schrift bewiesen haben, sich nicht als „innere Emigranten" bezeichnen müssen, da dieser Begriff nur den Sinn haben sollte, dass man sich von aller Wirksamkeit zurückzieht und sich dem „inneren Leben" widmet.[12]

Mit dem Ende des Zweiten Weltkriegs glaubte man an ein friedliches Zusammentreffen zwischen den „inneren" und den „äußeren" Emigranten. Allerdings brach eine Diskussion zwischen denen, die gingen, und denen, die blieben, aus.[13] Die Diskussion begann, als der ehemalige Präsident der preußischen Dichterakademie, Walter von Molo, einen offenen Brief an Thomas Mann verfasste, der in der Münchener Zeitung erschien. In dem Brief wurde Thomas Mann, der im Exil als bedeutender Vertreter der Exilierten galt, aufgefordert, zurückzukehren und beim Wiederaufbau mitzuhelfen.[14] Auch Frank Thiess bekannte sich diesbezüglich mit einem Aufsatz „Innere Emigration" dazu. Thiess war der Auffassung, es sei schwieriger, seine Persönlichkeit im Dritten Reich zu bewahren, als von außen im Exil Botschaften an das deutsche Volk zu senden.[15] Am Ende seines Aufsatzes zitiert Thiess die

---

[7] Vgl. Schmidt-Bergmann (1993). S. 12.
[8] Berendsohn, Walter A.: Innere Emigration. In: Germanistische Beiträge. Gert Mellbourn. Zum 60. Geburtstag am 21.5.1972. Dargebracht von Kollegen und Schülern des Deutschen Instituts der Universität Stockholm. Bromma 1970, S. 1.
[9] Schnell, Ralf: Dichtung in finsteren Zeiten. Deutsche Literatur und Faschismus. Reinbek bei Hamburg 1998. S. 120. Zitiert von: Szyndler, Anna: Zwischen Glauben und Politik. Christliche Literatur im Dritten Reich als Widerstandsliteratur. Versuch einer literaturtheologischen Deutung. Czestochowa 2011, S. 31.
[10] Ebd.
[11] Berendsohn (1970). S. 2.
[12] Vgl. Berendsohn (1970). S. 2.
[13] Vgl. Werner, Johannes: Drinnen und Draußen. Wilhelm Hausenstein zwischen den Fronten. In: Dieter Jakob (Hrsg.): Emigration & Exil. Schwere Zeiten für die Kunst. München 2012, S. 18.
[14] Vgl. Werner. In: Jakob (2012). S. 19.
[15] Ebd.

Antwort eines zaristischen Generals; „Man verläßt seine Mutter nicht, wenn sie krank ist."[16] Er erwartet keine Belohnung dafür, dass er bei seiner „kranken Mutter Deutschland" geblieben ist, und glaubt, es sei schlimmer, wenn die Rückkehr der Emigrierten zu spät erfolgt und sie nicht mehr die Sprache ihrer Mutter verstehen würden.[17] Auf diese Zeilen reagierte auch Thomas Mann. Er schrieb, dass ihm bei dieser Aufforderung die technischen, bürgerlichen und seelischen Schwierigkeiten entgegenstehen.[18] Auch wenn er die Möglichkeit hätte, sei er nun amerikanischer Bürger und hätte auch nie die Absicht, „[...] Amerika je wieder den Rücken zu kehren."[19] Deutschland sei ihm in all den Jahren fremd geworden. Es sei für ihn „[...] ein beängstigendes Land", in dem er sich zudem auch „[...] vor den deutschen Trümmern fürchte [...]."[20] Thomas Mann weist Herrn von Molo auf die schlimmen Aspekte der Emigration hin; „das Wanderleben von Land zu Land, die Paßsorgen, [...]. „[...] das Herzasthma des Exils, die Entwurzelung, die nervösen Schrecken der Heimatlosigkeit."[21] Alle diese schlimmen Aspekte, die die Emigration ausmachten, konnten die, die blieben, niemals spüren. Thomas Mann war empört über die Vorteile, die die Gebliebenen genossen. Darin sah er „[...] eine Verleugnung der Solidarität."[22]

Ebenfalls ein bekannter deutscher Schriftsteller, der sich mit der NS-Ideologie nicht arrangieren konnte, aber dennoch blieb, weil er von seinem Heimatland nicht lassen konnte, war Erich Kästner.[23] Auf alle die Fragen, die man ihm bzgl. der Emigration stellte, schrieb Kästner; „Ich bin ein Deutscher aus Dresden in Sachsen. / Mich lässt die Heimat nicht fort. / Ich bin wie ein Baum, der – in Deutschland gewachsen –, / wenn's sein muß, in Deutschland verdorrt."[24]

Denjenigen, die emigrierten, ging es schlecht, denjenigen die blieben, ging es nicht anders. Die Sorgen, die die Emigration mit sich brachte, waren denen der „inneren Emigration" sehr ähnlich. Die ständige Angst vor der Deportation, die Ausgrenzung und die finanziellen Probleme waren ebenfalls eine Sorgenlast für die, die blieben.

---

[16] Thieß, Frank: Innere Emigration. In: Thomas Mann, Frank Thieß, Walter von Molo. Ein Streitgespräch über die äußere und die innere Emigration. Herausgegeben mit Genehmigung der Nr. 1 I.C.U. Publications Sub Section. Dortmund 1946, S. 3.
[17] Vgl. ebd.
[18] Mann, Thomas: Offener Brief für Deutschland. In: Thomas Mann, Frank Thieß, Walter von Molo. Ein Streitgespräch über die äußere und die innere Emigration. Herausgegeben mit Genehmigung der Nr. 1 I.C.U. Publications Sub Section. Dortmund 1946, S. 3.
[19] Mann (1946). S. 4.
[20] Ebd.
[21] Ebd.
[22] Ebd.
[23] Vgl. Werner. In : Jakob (2012). S. 16.
[24] Werner. In: Jakob (2012). S. 16.

Klaus Mann schrieb im Rückblick in wenigen Worten: „Die Emigration war nicht gut. Das Dritte Reich war schlimmer."[25] In der Zeit des Nationalsozialismus befanden sich alle Mitglieder der literarisch hoch begabten Familie Mann im Exil. Klaus Mann, der älteste Sohn des bekannten deutschen Schriftstellers Thomas Mann, verließ wie viele weitere Intellektuelle nach der Machtübernahme Hitlers das Land. Mann hatte in dieser Zeit auch keine andere Möglichkeit; hätte er das Land nicht verlassen, wäre er ohnehin ausgebürgert; sein Name stand auf der dritten Ausbürgerungsliste vom 13. November 1934.[26] In seiner Autobiografie *Der Wendepunkt* schreibt er: „Unsere Familie wurde überhaupt ausgezeichnet: Auf jeder der ersten vier Ausbürgerungslisten war das Haus Mann vertreten. Nach dem berühmten Ohm kam ich an die Reihe."[27] In der Zeit, in der er sich im Exil befand, bewies er sein schriftstellerisches Talent in vollem Zuge. Besonders seine Werke im Exil werden heute von der Literaturwissenschaft stärker beachtet.[28] In den verschiedenen „Exilstationen", in denen sich Mann befand, schrieb er eine Reihe von Werken, die heute die Exilliteratur sehr stark prägen. Seine im Exil geschriebenen Bücher behandeln oft die Eigenschaften, die die Emigration und das Exilleben charakterisieren: Heimatlosigkeit, Verrat, Menschlichkeit und Seiten des Exillebens.[29] Fast alle im Exil entstandenen Werke weisen autobiografische Züge auf. So wie der Roman *Flucht in den Norden*, welcher „[…] unmittelbar nach dessen Flucht aus Hitlerdeutschland entstanden […]"[30] ist oder *Der Vulkan*, der seine lange Exilerfahrung beschreibt.[31]

Der Roman *Der Vulkan. Roman unter Emigranten*, welcher im Jahr 1937 begonnen und im Jahr 1939 zum Abschluss gebracht wurde, war seine umfangreichste Arbeit.[32] Indem Roman geht es zunächst um deutsche Intellektuelle, die Deutschland nach der Machtübernahme verließen und sich in den verschiedensten Schauplätzen im Exil befinden. Das Schicksal der einzelnen Charaktere ist oft mit den Exilerfahrungen von Mann selbst verbunden. Auch die einzelnen Charaktere spiegeln die Personen in Manns Leben wider, so die Figur Martin Korella, welche die Charaktereigenschaften von Mann selbst trägt, oder Marion von Kammer, welche Charakterzüge von Manns ältester Schwester Erika Mann zeigt. Der Roman wird

---

[25] Werner. In: Jakob (2012). S. 18.
[26] Vgl. Dirschauer, Wilfried: Klaus Mann und das Exil. Worms 1973, S. 23.
[27] Mann, Klaus: Der Wendepunkt. Ein Lebensbericht. Darmstadt 1990, S. 339. Im Folgenden zitiert mit der Sigle W. Nachweise erfolgen im Fließtext.
[28] Vgl. Schult, Sebastian: Wege ins Nichts. Über die Isolation in Klaus Manns Werk. Hamburg 2013, S. 7.
[29] Vgl. Dirschauer (1973). S. 73–74.
[30] Schmidt, Arwed: Exilwelten der 30er Jahre. Untersuchungen zu Klaus Manns Emigrationsromanen Flucht in den Norden und Der Vulkan. Roman unter Emigranten. Würzburg 2003, S. 9.
[31] Vgl. ebd. S. 9.
[32] Vgl. ebd. S. 74.

durch zwei Hauptaspekte gekennzeichnet: die im Titel heraufbeschworene Naturkatastrophe, der Vulkan, den man als den Nationalsozialismus oder „Hitlerdeutschland" deuten kann, und die Engel, welche am Ende als Hoffnungsträger der Figur Kikjou erscheinen. In der vorliegenden Arbeit werden die Exilspuren in dem Roman *Der Vulkan* analysiert. Zunächst wird die Entstehung des Romans untersucht, parallel dazu wird das Exilschicksal Manns selbst skizziert, da der Roman im Exil entstanden ist und die Grundlage für diese Arbeit bildet. Anschließend werden die Hauptcharaktere des Romans Martin Korella, Marion von Kammer und Kikjou im Hinblick auf ihre Exilschicksale untersucht. Hierbei werden zugleich die Verbindungen zu den Personen aus Manns Umgebung mit einbezogen. Die Charaktere weisen mit ihrem Verhalten und Lebensstil die „typisch" negativen Exileigenschaften wie Hoffnungslosigkeit, Lebensüberdruss und teilweise auch Gottesfurcht auf. Abschließend werden die beiden Hauptaspekte des Romans *Der Vulkan* als Naturkatastrophe und die Engelsgestalten analysiert, welche eine gravierende Rolle beim Ziel dieser Arbeit, der Untersuchung der Exilspuren in dem Roman, spielen.

2. Klaus Mann im Exil. Die Entstehung des Romans *Der Vulkan*

Mann verließ Deutschland am 13. März 1933. (W, S. 328) In seiner zweiten Autobiografie *Der Wendepunkt* schreibt Mann; „Wir konnten nicht zurück. Der Ekel hätte uns getötet, [...]. Die Luft im Dritten Reich war für gewisse Lungen nicht zu atmen. In der Heimat drohte Erstickungstod" (W, S. 331). Und tatsächlich kehrte Mann nicht mehr nach Deutschland zurück. Erst in der Nachkriegszeit besuchte er für eine kurze Zeit das völlig zerstörte Elternhaus im Münchener Stadtteil Bogenhausen.[33] Im Epilog des Romans *Der Vulkan* benutzt er dasselbe Motiv bezogen auf die Luft im Dritten Reich. In Dieters Brief steht; „Das Atmen wird unerträglich. Das ist es: man kann nicht atmen. Die gehäufte Lüge, das Übermaß der Gemeinheit: das verpestet die Luft – wie ein kolossaler Kadaver."[34] Bei der sehr propagandistischen Bücherverbrennung in Berlin am 10. Mai 1933 wurden auch seine Bücher – dem Deutschtum drohend – verbrannt.[35] Für ihn war die Emigration keine Gemeinschaft, auch wenn dies häufig in der Forschungsliteratur konträr gestellt wird. Unter den Emigranten gab es wenige, die aus antifaschistischer Anschauung Deutschland verlassen hatten, vielmehr war es für die meisten eine Notlage. Um eine Gemeinschaft zu sein, fehlte es an gemeinsamen Zielen. Besonders deutlich war die Uneinigkeit zwischen Sozialdemokraten und Kommunisten im Exil. Obwohl man glaubte, dass das Exilschicksal zwei Gegensätze zusammenschweißt, war das in diesem Fall jedoch nicht so. So gab es auch Unstimmigkeiten zwischen einzelnen Berufsgruppen. Mann lobt jedoch die Einigkeit der Literaten im Exil. Während die anderen Gruppen sich zankten, hielten die Schriftsteller fast als einzige Gruppe zusammen. So waren sie zwar nicht immer einer Meinung, was politische Ansichten betraf, dennoch empfand er das Gemeinschaftsgefühl unter ihnen als real und wirklich (vgl. W, S. 333–335). Die verbannten Schriftsteller bildeten für ihn während des Exils sogar eine Art „[...] homogene Elite [...] innerhalb der diffusen und amorphen Gesamtemigration" (W, S. 335).

Für Mann waren die Aufgaben der Schriftsteller im Exil klar vorgezeichnet. Etwas zwiespältig waren die Aufgaben der verbannten Schriftsteller, zum einen die Welt vor dem Nationalsozialismus zu warnen und die Fassade des Hitlerregimes zu entschleiern und zum anderen auch den Kontakt zu den in der Heimat Verbliebenen beizubehalten, um sie mit

---

[33] Vgl. Strohmeyr, Armin: Klaus Mann. München 2000, S. 139.
[34] Mann, Klaus: Der Vulkan. Roman unter Emigranten. Hamburg 1990, S. 556. Im Folgenden zitiert mit der Sigle V. Nachweise erfolgen im Fließtext.
[35] Vgl. Strohmeyr (2000). S. 67.

literarischem Material für ihre heimliche illegale Widerstandsbewegung zu unterstützen. Auch sollten die deutsche Sprache und die Tradition im Exil nicht vergessen, sondern bewahrt und mit eigenem kreativen Beitrag gefördert werden. Diesen Verpflichtungen im Exilleben nachzugehen, beschreibt er in seiner Autobiografie als nicht all zu einfach (vgl. W, S. 335).

Neben seinen angriffslustigen Veröffentlichungen in der Emigrantenpresse gründete Mann zusätzlich die Zeitschrift *Die Sammlung,* die ab September 1933 im Querido-Verlag zu Amsterdam monatlich erschien. Dieser Verlag wurde im April 1933 von Fritz Landshoff und Emanuel Querido gegründet, um den deutschen Autoren im Exil eine Publikationsmöglichkeit zu verschaffen.[36] Zum Verleger Fritz Landshoff pflegte Mann eine tiefe Freundschaft. Landshoff hätte ihm die schönste menschliche Beziehung in den ersten Jahren des Exils verschafft. Er war für Mann eine Art „brüderlicher Freund" (W, S. 351). Den Vorsitz der Zeitschrift übernahmen die namhaften Schriftsteller Aldous Huxley, Heinrich Mann und André Gide. Die Mitarbeiter der Zeitschrift waren fast alle ins Exil verbannte deutsche Dichter und Literaten und auch nicht deutsche namhafte Autoren wie Ernest Hemingway, Jean Cocteau, René Crevel und viele weitere. Die Gründung der Zeitschrift sollte die Einführung der Talente der Emigration beim europäischen Publikum sein, auch sollten die Emigranten mithilfe der Zeitschrift die seelische Verbundenheit zu ihren Gastländern aufbauen (vgl. W, S. 339–340). Im Exil war er aber jedoch nicht immer in kämpferischer Laune, das Heimweh machte sich hin und wieder bemerkbar. Mit Geldsorgen war er gut vertraut. „Man ist nie Kapitalist gewesen […]." (W, S. 345). Die bisher unbekannte Sorge für Mann war das Pass-Problem. „Ohne Paß kann der Mensch nicht leben." (W, S. 345). Die Selbstverständlichkeit, einen Pass zu besitzen und ihn als „normales", sogar meist „unwichtiges" Dokument zu betrachten, betraf viele Exilierte. Nachdem der Pass den Exilierten entzogen wurde, begriffen sie das Gefühl der Staatenlosigkeit. Doch die Hoffnung auf das Gute sollte nie aufgegeben werden: Mann bekam rechtzeitig von den Niederlanden einen Fremdenpass, welcher ihm fortan Bewegungsfreiheit gewährte. Bis auf Erika Mann, der ältesten Schwester von Klaus Mann, übertrug die Tschechoslowakei mit Großzügigkeit allen Mitgliedern der Familie Mann die tschechoslowakische Staatsbürgerschaft. Seine Exiljahre verbrachte Mann häufig in Amsterdam, Zürich und Paris. In diesen Städten hatte er nie wirklich das Gefühl, sich im Exil zu befinden. In Amsterdam hatte er seine gewohnte Umgebung mit Freunden und seiner Arbeit, in Zürich hatte er seine Freunde und das Haus seiner Eltern (vgl. W, S. 345–346). Nebenbei bemerkt sind diese Städte, darunter auch Prag, die wichtigsten Schauplätze seines Romans *Der Vulkan.* Die erste Phase seiner Emigration

---

[36] Vgl. Strohmeyr (2000). S. 76.

verbrachte Mann häufig in Amsterdam und bezeichnete dies als sein eigentliches „Lebenszentrum" und „Hauptquartier". Etwa fünf Monate im Jahr verbrachte er dort seine Zeit, die übrigen Monate in Paris und Zürich, hin und wieder auch mal in Wien, Prag, Budapest oder einige Wochen im Sommer auf der Insel Mallorca (vgl. W, S. 360). Auch reiste er jährlich in die Tschechoslowakei und hielt Vorträge in Prag, Bratislava und anderen Städten (vgl. W, S. 372). Die Jahre von 1933 bis 1936 waren trotz der Unruhen die literarisch wohl besten Jahre für Klaus Mann. Neben der Herausgeberschaft seiner Zeitschrift schrieb er auch viele Essays und Erzählungen. Er beschäftigte sich mit „Kitsch im Film" (1933) und nahm an „Streifzügen durch das Schrifttum nationalsozialistischer Prominenz" (1933) teil. 1934 besuchte er auch einen Allunionskongress in Moskau teil. Ein Jahr darauf im Mai 1935 nahm er an einer Sitzung des PEN-Clubs in Barcelona und am internationalen Schriftstellerkongress zur Verteidigung der Kultur in Paris teil, wo er Ansprachen und Reden hielt.[37] Sein im Exil geschriebener Roman ist *Flucht in den Norden*, Mann empfindet dies als seine einfachste Arbeit, für ihn war der Roman sehr leicht zu schreiben. Mit diesem Roman formulierte Mann seine eindeutige Haltung gegen den Faschismus.[38] Der zweite Roman, welcher 1935 im Querido-Verlag in Amsterdam publiziert werden, konnte ist *Symphonie Pathétique*. Die Hauptfigur des Romans ist der russische Komponist Peter Iljitsch Tschaikowsky. „Seine neurotische Unrast, seine Komplexe und seine Ekstasen, seine Ängste und seine Aufschwünge, die fast unerträgliche Einsamkeit, in der er leben mußte, der Schmerz, der immer wieder in Melodie, in Schönheit verwandelt sein wollte, [...]" (W, S. 382). Diese Aspekte konnte Mann ganz einfach beschreiben, denn der Roman weist auch viele autobiografische Züge auf. Nichts von dem, was er beschrieb, war für ihn fremd (vgl. W, S. 382). Im Jahr 1936 erschien sein drittes Buch, *Mephisto* (vgl. W, S. 382–383). Hendrik Höfgen, die Hauptfigur des Romans, ist für Mann sehr unsympathisch. Er schaffte eine Figur, der es an sittlichen Eigenschaften des Charakters fehlt. Eitelkeit, Ruhmsucht, Wirkungstrieb und Ehrgeiz machen die Figur des Hendrik Höfgen aus. Dennoch entwickelte sich die Figur zum Exponenten, „[...] zum Symbol eines durchaus komödiantischen, zutiefst unwahren, unwirklichen Regimes. Der Mime triumphiert im Staat der Lügner und Versteller. *Mephisto* ist der Roman einer Karriere im Dritten Reich" (W, S. 384). In *Wendepunkt* stellt Mann kurz und bündig seine Gedanken bzgl. seines Romans *Der Vulkan* vor: „Es wird ein Roman, zum Verfall bestimmt, noch weniger haltbar als der Dom aus bröckligem Gestein, der fragile Propeller, der pflegebedürftige, von Unkraut und Sturm bedrohte Gartenweg. Mein Buch,

---

[37] Vgl. Strohmeyr (2000). S. 76–77.
[38] Vgl. ebd. S. 78.

solange es da ist, heißt *Der Vulkan: Roman unter Emigranten*" (W, S. 428). Mit dieser kurzen Beschreibung gibt Mann bereits hier einen kurzen Hinweis darauf, worum es sich in dem Roman handeln sollte. Dass der Vulkan als der Nationalsozialismus beschrieben wird, ist bereits bekannt. Das Motiv des Vulkans wird im Roman wiederholt aufgenommen und im weiteren Verlauf stärker hervorgehoben. Das Symbol des Vulkans als Ausbruch zerstörerischer Urgewalt steht für die vom Nationalsozialismus und dem damit verbundenen Faschismus ausgehende Bedrohung und die permanente Eskalation aggressiver Akte, die den Zweiten Weltkrieg auslösen.[39] Weiter schreibt er:

„Ich sitze in einem New-Yorker Hotelzimmer und bemühe mich, das wirre, reiche, trübe Exil-Erlebnis in epische Form zu bringen. Erinnertes und Geahntes, Traum und Gedanke, Einsicht und Gefühl, der Todestrieb, die Wollust und der Kampf (Kampf, physische Gewalt, Mord und Opfer als paradox-desperate Konsequenz moralischer Entscheidung), Musik und Dialektik, die Entwurzelungsneurose, das Heimweh als Geißel und Stimulans, befreundete Gesichter und geliebte Stimmen, Landschaften meines Lebens (Paris, Prag, Zürich, Amsterdam, das Engadin, New York, die Insel Mallorca, Wien, die Côte d'Azure), die Fratze der Infamie, die Glorie des Erbarmens (warum keine Engel, da es Teufel gibt?), viele Formen der Flucht, des *Escapism* [...] viele Formen des Heroismus (Spanien!) [...] Begegnungen, Abschiede, Ängste, Einsamkeit, Umarmung und Empfängnis, die Geburt eines Kindes, und wieder Kampf, und wieder Abschied, wieder Einsamkeit, das Pathos des >Umsonst<, der Entschluß zum >Trotzdem<: All dies galt es erzählerisch zu arrangieren, hineinzuweben in den wortreichen Teppich. Nicht fehlen durfte dem Ganzen die düster-fahle Farbe der Gefahr, schwefliger Reflex nahender Feuerbrände, phosphoreszierende Aura des Verhängnisses" (W, S. 429–430).

Mit diesen Worten beschreibt er in *Der Wendepunkt* den Beginn seiner Arbeit. In diesem Abschnitt gibt er indirekt vor, dass er den Roman sehr autobiografisch schreiben wird. Im Exil hatte er ständig mit Heimweh zu kämpfen, das Gefühl des Heimwehes versetzt Mann in dem Roman nicht nur der Figur Martin Korella, welcher bekanntlich Züge von ihm selbst trägt, sondern auch den anderen Protagonisten. Manns Aufenthaltsorte im Exil spielen ebenfalls eine wichtige Rolle im Roman. Die Exilierten im Roman befinden sich an den Schauplätzen Paris, Prag, Zürich, Wien, Amsterdam, Shanghai, Stockholm und New York. Der Roman spielt in den Dreißigerjahren vor Ausbruch des Zweiten Weltkrieges, in einer Zeit, wie Thomas Mann beschrieb, des „untätigen Zuschauens" der östlichen und westlichen nationalsozialistischen Verstößen gegen die Menschenrechte.[40] Zudem ist der Roman temporär betrachtet in drei Zeitabschnitte gegliedert; der erste Teil geht von 1933 bis 1934, hier werden zunächst fast alle Figuren, angekommen im Exil, vorgestellt. Das erste Zufluchtsland der Exilierten ist das Nachbarland Frankreich, die Figuren in der ersten Szene sitzen gemeinsam in einem kleinen Pariser Lokal am Tisch und essen etwas. Einen ersten autobiografischen Zug wendet Mann bereits in der Anfangsszene des Romans an; es ist der 15. April 1933, die vier Figuren Martin Korella, Marion von Kammer, Frau Schwalbe, auch „Mutter Schwalbe" genannt, und David Deutsch befinden sich in einem kleinen Lokal an der

---

[39] Albrecht, Friedrich: Klaus Mann der Mittler. Studien aus vier Jahrzehnten. Bern 2009. S. 42–43.
[40] Vgl. Schmidt (2003). S. 34.

11

Ecke Boulevard St. Germain des Saint Pères, um etwas zu essen. Im Lokal hält sich neben den vier Figuren noch ein amerikanisches Ehepaar auf. Als die Gruppe anfing, die Berliner Zeitung zu lesen und sich auf Deutsch zu unterhalten, zuckte das amerikanische Ehepaar empört zusammen. Die Blicke der vier Figuren waren auf das Titelblatt der Zeitung gesenkt, auf der eine Illustration vom Reichskanzler abgebildet ist. Daraufhin ging das amerikanische Ehepaar an den Tisch der Gruppe und rief „A bes les boches!" und „A bes les Nazis!" und bevor sie das Lokal verließen, spuckte die Dame aus – ganz knapp am Tisch vorbei (vgl. V. S. 17-19.) Tatsächlich erlebte Mann dieselbe Situation im ersten Zufluchtsland – in Frankreich – in Paris. In einem Pariser Restaurant saß Mann mit deutschen Emigrierten am Tisch und aß mit ihnen zu Mittag. Einer seiner Freunde hatte eine Zeitschrift mitgebracht, „[…] eine jener gutgemeinten, aber etwas billig-sensationell aufgemachten Publikationen, mittels deren exilierte deutsche Intellektuelle damals den Hitler-Staat vom Ausland her zu ‚entlarven' hofften." Auf der Titelseite war ein kaum übersehbares Hakenkreuz illustriert, welches der amerikanischen Dame am Nebentisch nicht entgangen war. Sie erhob sich, ging auf den Tisch zu, und warf ihnen einen furchtbaren Blick zu. „You should be ashamed of yourselves" rief sie, anschließend auch auf Deutsch mit sehr schlechtem Akzent „Schämen sollten Sie sich! Dies hier ist Ihre Schmach! Ihre Schande!", dann spuckte sie ordentlich aus (vgl. W, S. 328– 29).

Der zweite Teil geht von 1936 bis 1937 und handelt von den verschiedenen Exilleben der Emigrierten über die Entscheidungen, Aktivitäten, das Scheitern bis hin zu ihren Entwicklungen. Zudem werden die bekannten Exilfaktoren wie die Ausbürgerung, das Problem mit dem Pass, Trennungen und „[…] die Etablierung in der Fremde"[41] der Figuren thematisiert. Besonders geht es im zweiten Teil „[…] um die Nichtentscheidungen und Fehlentscheidungen Martin Korellas und David Deutschs" […] „aber auch […] um das überraschende Engagement Marions, Kikjous, und Marcel Poirets."[42]

Der dritte und letzte Teil geht von 1937 bis 1938 und führt den Etablierungsprozess fort, er „[…] zeigt den Übergang vom Provisorium zum Vorkriegs-Alltag im Amerika des Rooseveltschen New Deals oder der Schweiz als in aller Bedrohung relativ sichere Orte demokratischer Freiheit."[43] Auch spielen die beiden Handlungsstränge des Romans im dritten Teil eine wichtige Rolle.

---

[41] Schmidt (2003). S. 133.
[42] Ebd.
[43] Ebd.

12

Im Roman wird das Exil für die Figuren auch wie eine zweite Heimat, mehr oder weniger auch ein Kampfplatz des geistig-moralischen und politischen Widerstands.[44] Zudem ist der Roman eine Art Dokument der eigenen Exilerfahrungen Manns, die für die erlittenen Schicksalsschläge stehen.[45]

In den Jahren vor dem Zweiten Weltkrieg reiste Mann oft als Vortragsreisender nach Amerika, um dort Reden zu halten. Seine Botschaft an das amerikanische Volk zu überbringen, sah er als seine persönliche Aufgabe. Er wollte seine Gastgeber über die wirkliche Bedeutung des Nationalsozialismus aufklären, sie warnen, auf sich aufzupassen, ihnen zeigen, wie ernst zu nehmend die Gefahr des Nationalsozialismus ist. Andererseits sah er bei seinen Vorträgen auch die Aufgabe, den Menschen zu erklären, dass es auch ein anderes Deutschland gibt und Hitler niemals Deutschland als Ganzes repräsentiert. Am 09. Januar 1937 bestieg Mann einen Dampfer und kehrte für acht Monate nach Europa zurück, denn die persönlichen und beruflichen Kontakte behielt er in seiner Aufenthaltszeit in Amerika bei. Er besuchte den Querido-Verlag in Amsterdam, seine Freunde in Paris und Sanary und auch seine Eltern in Küsnacht bei Zürich und wohnte einige Wochen bei ihnen. Bekanntermaßen pflegte Mann immer eine etwas schwierige und seltsame Beziehung zu seinem Vater Thomas Mann. In den Wochen, die er bei seinen Eltern in Küsnacht verbrachte, spitzte sich erneut die Spannung zwischen ihm und seinem Vater zu. Damit verbunden nahm sein Drogenkonsum stark zu.[46] „Innere Leere, Orientierungslosigkeit, Einsamkeit auch in der Liebe nahmen in diesen Monaten zu." In seinem Tagebuch notierte er „Schauer der Traurigkeit und Zärtlichkeit. Begreife so klar wie nie vorher mein Schicksal – dass ich NIE geliebt werden KANN, wo ich lieben MUSS, und dass ich deshalb den Tod will als die Erlösung."[47] In dieser Zeit unterzog sich Mann einer Entziehungskur in Budapest. Kurz vor dem Klinikaufenthalt lernte er den amerikanischen Schriftsteller Thomas Quinn Curtiss kennen und verbrachte nach dem Verlassen der Klinik ein Erholungsurlaub mit Curtiss, seiner Schwester Erika und Therese Giehse. In dieser Zeit war er von seinem Rausch mit dem verbundenen Todeswunsch abgelenkt.

Im September kehrte er für seine Vorträge nach New York zurück. Nach seiner Wintervortragstour stieg er erneut auf einen Dampfer nach Europa zurück – wo sich der

[44] Vgl. Schmidt (2003). S. 42.
[45] Vgl. ebd. S. 132.
[46] Vgl. Strohmeyr (2000). S. 93–95.
[47] Strohmeyr (2000). S. 95.

Faschismus wie eine Krankheit ausbreitete.[48] Deutsche Wehrmachtsverbände marschierten am 12. März in Österreich ein. Auch in Spanien spitzte sich die Situation zu. Im Frühjahr des Jahres 1936 bildete sich eine Volksfrontregierung aus Linksrepublikanern, Kommunisten und Sozialisten gegen die faschistische Truppe unter General Franco. In dieser Zeit entstand ein Bürgerkrieg in Spanien. Mann reiste gemeinsam mit seiner Schwester Erika vor Ort, um für die „Pariser Tageszeitung", die „National-Zeitung" in Basel und für „Das Wort" in Moskau zu berichten. Er berichtete über die Zerstörungen und über die Gespräche mit den Menschen aus den umkämpften Regionen. Mann versuchte, mit seiner Spanienreise ein Ausrufezeichen zu setzen; der Krieg auf der Iberischen Halbinsel sollte eine Mahnung an die freie und demokratische Welt sein.[49] An das republikanische und bolschewistische Europa richtete er: „Begreifen wir doch endlich, daß dies die eine große Vorrausetzung ist, um gegen den Faschismus aufzutreten: die Einigkeit aller derer, die den Faschismus nicht wollen. Der Faschismus muß wissen, daß wir nicht nachgiebig und schwach sind, sondern zum äußersten Widerstand fest entschlossen."[50] Allerdings wurde seine Hoffnung sehr enttäuscht. Der Bürgerkrieg endete mit dem Sieg General Francos. Trotz dieser Enttäuschung weigerte sich Mann, Deutschland und die Deutschen mit Hitler zu vergleichen. Weiter hielt er Vorträge über das „eigentliche Deutschland". Sein Optimismus hielt noch anderthalb Jahre – nach dem Münchner Abkommen marschierten deutsche Truppen in die tschechische Republik und besetzten Prag. Das wichtigste Zentrum der deutschen Emigration wurde mit dem Einmarsch ausgelöscht. Kurz nach dem Abschluss des Münchner Abkommens reiste Mann zurück nach New York und begann ab sofort sein endgültiges Exil in Amerika.[51] In seiner Autobiografie beschreibt Mann die Hoffnung auf die amerikanische Staatsbürgerschaft. Durch das Hin und Her empfand er das erste Mal seit Beginn seines Exils den Wunsch, sich einer bestimmten nationalen Gemeinschaft anzuschließen und Bürger eines Landes zu sein. „Kein europäisches Volk akzeptiert den Fremden: man wird nicht Franzose, Schweizer, Tscheche oder Brite, wenn man nicht als solcher geboren ist. Amerikaner aber kann man werden [...]. Ja, ich würde wiederkommen [...] als werdender Amerikaner" (W, S. 412).

Am 25. September 1943 bekam er die amerikanische Staatsbürgerschaft. Nach langem Zögern der Behörde gelang es ihm letztendlich, die amerikanische Staatsbürgerschaft zu erhalten. Zudem befand er sich neun Monate in einer Ausbildung bei der amerikanischen Armee.[52] Die

---

[48] Vgl. Strohmeyr (2000). S. 95–100.
[49] Vgl. Ebd. S. 100–102.
[50] Strohmeyr (2000). S. 102.
[51] Vgl. Strohmeyr (2000). S. 102–104.
[52] Vgl. Dirschauer (1973). S. 29.

alltäglichen Exerzier- und Schießübungen ödeten ihn jedoch auf Dauer an. Ihm wurde schnell langweilig, auch bewirkte die Zeit beim Militär eine psychische Belastung bei ihm. Hinzu kam die Ausgrenzung in der Armee – gerade Mann, der sich in der neuen Heimat nach Gemeinschaft sehnte, wurde als Außenseiter behandelt. Später wurde er in die Abteilung „Psychological Warfare Branch" versetzt. Es war besser, Mann nicht zum Kampf mit der Waffe, sondern mit dem Wort einzusetzen. Er schrieb unzählige Flugblätter, die über feindlichem Gebiet geworfen wurde, und Reden, die über Grabenlautsprecher an der Front vorgetragen wurden. 1944 stellte er ein Entlassungsgesuch, was ihm jedoch nicht gewährt wurde, schrieb aber künftig für die Armeezeitung „Stars and Stripes" und wurde so in die Redaktion in Rom versetzt. Dort lernte er neue Leute kennen und auch Bekannte sah er wieder. Das geistige Leben mit Literaten in der ewigen Stadt tat ihm gut. 1945 wurde er nach zwölf Jahren Flucht zu einer Berichterstattung nach München eingeladen. Er traf in amerikanischer Uniform in der zerstörten Vaterstadt ein.[53] Die Distanz gegenüber dem Nachkriegsdeutschland war kaum zu ignorieren; das Gefühl der Entfremdung und Entwurzelung ging mit beruflichen Desorientierungen einher. Im selben Jahr wurde er ehrenhaft aus der Armee entlassen und versuchte, sein Leben wieder als freier Schriftsteller zu führen. Fritz Landshoff verschaffte ihm eine Stelle im Querido-Verlag, jedoch reichte sein erzählerisches Schaffen nicht mehr so aus wie in den Dreißigerjahren. In den Monaten unternahm Mann viele Selbstmordversuche. Das Verhältnis zu seiner Schwester Erika Mann war auch lange nicht das, was es einmal gewesen war. Sein Drogenkonsum und seine Depressionen nahmen immer weiter zu, er zog sich erneut in eine Entziehungskur in Cannes zurück. Schlussendlich beging er am 20. Mai 1949 Selbstmord – er starb an einer Überdosis an Schlaftabletten. Man fand ihn in seinem Zimmer und brachte ihn in eine Klinik, er starb jedoch am Abend des 21. Mai 1949.[54]

Den Todestrieb bei Mann bemerkt der aufmerksame Leser in vielen seiner Werken. Die Schilderung von Selbstmordfällen nimmt in seinen Werken großen Raum ein.[55] Trennungen, Verrat, Drogenabhängigkeit, berufliche Befangenheit – 12 Jahre Exil und die darauffolgende Erkenntnis, dass das Vaterland in der Nachkriegszeit nicht mehr so sein kann, wie es einmal war. Dies waren für Mann Anlässe genug, um unter seinem Leben einen Schlussstrich zu ziehen.

---

[53] Vgl. Strohmeyr (2000). S. 134–138.
[54] Vgl. Strohmeyr (2000). S. 142–149.
[55] Vgl. Dirschauer (1973). S. 20.

3. Die Exilschicksale der Figuren

Der Roman *Der Vulkan* beschreibt bekanntlich „[…] das Alltagsleben der Vertriebenen, Entwurzelten, Unbehausten, die Unsicherheiten angesichts der anderssprachigen Umgebung, des ungewohnten Essens, der fremden Rituale des fremdländischen Alltags und vermitteln auf diese Weise […] [ein] konkretes Anschauungsmaterial für die noch längst nicht abgeschlossene deutsche Asyldebatte."[56] Alle im Roman vorgestellten Figuren sind charakteristisch, gedanklich und auch verhaltensmäßig sehr verschieden. Durch diese Divergenz wird das Exilschicksal, -problem und -leben vom Leser besser nachvollzogen. Zudem stellte Mann eine Exilgruppe zusammen, der es an gemeinsamen Kampf- und Arbeitsprogrammen aufgrund kommunistischer oder sozialistischer Haltung fehlte. Damit thematisiert Mann die Problematik der deutschen Exilgemeinschaft. In seiner Autobiografie klagte er genau über dieses Gemeinschaftsproblem. Die ins Exil Verbannten konnten aufgrund von verschiedenen Zielen, Desinteresse an einem gemeinsamen Programm und Repräsentationen keine Gemeinschaft bilden. Gerade in einer Zeit, in der man erst recht eine Gemeinschaft bilden und sich stark gegen Hitler zusammenschließen sollte, gab es oft Kontroversen zwischen den Sozialdemokraten und Kommunisten (vgl. W, S. 333–334). Auch wenn es Unstimmigkeiten zwischen einigen Berufsgruppen gab, in einer Sache waren sie gleichrangig; sie teilten dasselbe Schicksal und saßen alle gemeinsam im selben Boot. Dennoch thematisierte Mann dies in seinem Roman als Scheitern der Exilgruppe.

Auch scheitern die einzelnen Figuren bei der Lösung eines Dilemmas. Die Schieflage beginnt bereits mit der selbstverständlichen Annahme, dass sie irgendwann in die Heimat zurückkehren und das Dritte Reich sich als bloßes „Zwischenspiel" erweist. Nicht einer rechnet mit einer Abwesenheit von mehr als einigen Monaten oder Jahren.[57] „Man begnügt sich mit der Perspektive des geduldig abwartenden Zuschauers am Rand der Weltereignisse, die auf längere Sicht allenfalls zu einem Schwanken führt zwischen jener illusionären Hoffnung auf ein ‚zwangsläufig' jähes Ende des NS-Regimes und der leisen Ahnung, daß es dazu erst einer eruptiven Katastrophe bedarf, die sich, um im monumentalen Bildfeld des *Vulkans* zu bleiben, feuerspeiend über alles Lebendige wälzt."[58] Ein gutes Beispiel hierfür liefert Frau Schwalbe Mit ihrem „biederem" Optimismus glaubt sie an die Rückkehr nach Deutschland (vgl. V, S. 32).

---

[56] Schmidt (2003). S. 9.
[57] Vgl. Schmidt (2003). S. 29.
[58] Schmidt (2003). S. 29.

3.1 Marion von Kammer – Hoffnungslosigkeit

Für Marion war die Emigration eine Selbstverständlichkeit (vgl. V, S. 23), da alle ihre linksgerichteten Freunde entweder Schriftsteller oder Politiker und bei den Nazis am verhasstesten waren (vgl. V, 23), wurden sie von der Staatspolizei verfolgt und verhaftet. Somit befand auch sie sich in Gefahr (vgl. V, S. 72). „Wir sind in die Verbannung gegangen, weil wir für das Zukünftige sind, gegen den Rückschritt. Unser Exil kann kein Dauerzustand sein" (V, S. 57). Deutlich wird auch Marions naiver Gedanke an die Rückkehr.

Zudem zeichnet sich die Figur der Marion von Kammer durch Trauer aus diversen Gründen aus. An oberster Stelle steht zunächst die Trennung von der Heimat. Die Heimatlosigkeit ist bei allen Figuren ein wichtiges Isolationsmotiv und bei den meisten Figuren die Ursache für das Scheitern oder gar das Ableben wie bei der Figur Martin Korella.[59] Die Heimatlosigkeit wurde auch eine Verzweiflung für Manns Bekanntenkreis. In seinem Umfeld nahmen sich namhafte Intellektuelle wie Ernst Toller, Joseph Roth, Stefan Zweig, Kurt Tucholsky und viele weitere das Leben – aus Verzweiflung über Europa und das ständige Hin und Her, kein Zuhause und keine Heimat zu besitzen.[60]

„Die Entwicklung in der Heimat geht weiter; wir haben keinen Anteil mehr an ihr. Wir sind Fremde geworden. Wir können nicht mehr heim, weil wir keine Heimat mehr haben" (V, S. 57). Durch den Verlust ihrer Heimat fällt Marion aufgrund des Schmerzes zunächst in ein schwarzes Loch, zugleich kämpft sie jedoch auch gegen den Nationalsozialismus und knüpft dadurch viele Kontakte, was dafür sorgt, dass sie von ihrem Umfeld nicht ganz abgeschieden ist und über ihre Schmerzen mit dem aktiven „Kampf" hinwegsehen kann. Eine weitere Trauer Marions zeichnet sich in der Liebe aus. Vom Unglück verfolgt führt sie im Roman insgesamt drei Beziehungen, zwei davon enden aufgrund politischer Motivation. Angefangen hat es mit dem Schriftsteller Marcel Poiret, der freiwillig als Soldat nach Spanien reist, um zu kämpfen.[61] „Er wollte Einer sein unter vielen, zum Ganzen gehören, zum Kollektiv; nicht mehr auffallen, nicht mehr herausfallen; leiden und kämpfen mit den anderen; mit den anderen sterben" (V, S. 359). Auch Mann hatte den flüchtigen Drang zu kämpfen, in *Der Wendepunkt* schreibt er; „Ich will in die Armee. Ich will Uniform tragen wie die anderen. Ich will kein Außenseiter, keine Ausnahme mehr sein. Endlich darf ich mich einmal mit der Majorität solidarisch fühlen" (W, S. 494).

---

[59] Vgl. Schult (2013). S. 65.
[60] Vgl. Strohmeyr (2000). S. 104–105.
[61] Vgl. Schult (2013). S. 65–66.

Nach Marcels Ausreise ging sie eine Beziehung mit Tullio ein, den sie allerdings nie so sehr liebte wie Marcel. Dies wird vor allem dann deutlich, als sie Tullio mit Marcel verwechselt. „Sie zog den Jungen an sich, damit sie ihn wiedererkenne, ihn nicht verwechsle. Wir verwechseln die miteinander, die wir lieben müssen. [...] Oh, Marcel, ich bin deine Witwe. In meinem Herzen bleiben, Wundmalen gleich, die Spuren deiner ungeheuren Blicke" (V, S. 424). Nachdem Tullio aufgrund seiner politischen Motivation in die Vereinigten Staaten ausgereist war, begegnete Marion Benjamin Abel, mit dem sie dann eine vernünftige Beziehung eingeht. Eine vernünftige Beziehung deshalb, weil Benjamin das Kind, welches Marion bald erwarten durfte, mit großziehen wollte, obwohl er nicht der leibliche Vater des Kindes ist. Auch zeigt sich Benjamin sehr verständnisvoll gegenüber Marion, da ihr Kind den Namen Marcel tragen soll. So erkennt man auch in dieser Beziehung, dass Marion Benjamin nicht so sehr lieben kann, wie sie einst Marcel geliebt hatte. Sie litt weiterhin schwer unter dem Verlust Marcels, der zuletzt im Krieg starb. Dennoch konnte sie ihre Trauer bezüglich ihrer verlorenen Heimat gemeinsam mit Benjamin überwinden. Diese Trauer konnte sie zuvor weder dauerhaft mit Marcel noch mit Tullio bewältigen.[62]

Auch ist Marion die Figur im Roman, die die Vulkan-Visionen vorhersieht. Sie verfällt in eine Art Trance. Die erste Vision des Vulkans hatte sie, als sie gemeinsam mit Marcel an einen kleinen Ort in der Nähe von Deauville ans Meer fuhr (vgl. V, S. 167). Marion bekam plötzlich Angst, als sie mit Marcel gemeinsam im Zimmer war. So „[...] als wäre ein Abgrund jäh vor ihnen aufgesprungen. Aus dem Abgrund stiegen Feuerbrände, auch Qualm kam in dicken Schwaden, und Felsbrocken wurden emporgeschleudert. Es war der Krater eines Vulkans" (V, S. 168). Eine weitere Vision bekam sie, als sie gemeinsam mit Benjamin im Zimmer saß und ein Telegramm fand (vgl. V, S. 509-510). Nach dem Vorlesen des Telegramms offenbart sie sämtliche schlimmen Weltereignisse wie „Prag wird fallen. [...] Auch die spanische Republik wird untergehen – [...] Tschechische Flüchtlinge, spanische Flüchtlinge; auch französische und Schweizer Flüchtlinge könnte es noch geben. [...] Die Chinesen sterben, anstatt zu fliehen. [...] In Wien wütet der Selbstmord wie eine Epidemie" (V, S. 511). In diesem Abschnitt verknüpft Marion das Motiv des Vulkans das erste Mal mit dem Faschismus; „[...] die Faschisten, die Hunnen – nicht einmal kämpfen müssen sie! Ohne Kampf läßt man sie siegen! Sie begegnen keinem Widerstand, keinem Gegner! Man läßt das Scheußliche rasen, zerstören, sich austoben – als wäre es eine Naturkatastrophe! Als lebten wir auf einem Vulkan, der Feuer speit!" (V, S. 511). Der Faschismus, der sich in der Welt und

---

[62] Vgl. ebd. S. 66.

besonders in Europa wie ein Virus ausbreitet, wird mit dem Vulkan gleichgesetzt, der jederzeit ausbrechen und Feuer speien wird. Diese Vision Marions scheint eine Alarmierung des Autors selbst zu sein, der die Menschen vor der wirklichen Gefahr des Faschismusausbruchs zu warnen scheint.

Trotz der Trauer, die die Emigration mit sich brachte, und der ständigen Visionen des Vulkanausbruchs, die sie hatte, ist Marion nicht ganz von Hoffnungslosigkeit erfüllt. Sie glaubte anfangs an die Rückkehr in ihre Heimat, im Laufe des Romans erkennt sie die Realität und findet sich mit der Emigration und ihrer neuen Heimat schweren Herzens ab, hört dennoch nicht auf, an das „Gute" zu glauben; an das „andere Deutschland". Auf ihrer Tour hielt sie in Amerika eine Rede und „[…] überzeugte, weil sie ihrerseits starken Glauben hatte, weil die Flamme in ihrem Blick nicht künstlich sein konnte, der Schrei, das Schluchzen in ihrer Stimme nicht affektiert" (V, S. 430). Auch Mann selbst hielt als „lecturer" Vortragsreden in europäischen Ländern und in Amerika. Er hatte Hoffnung auf das Gute, auf ein anderes Deutschland. Hitler hat Deutschland als Ganzes niemals repräsentiert. Dies versuchte er oftmals, in seinen Reden verständlich zu machen, und überzeugte auch.

3.2 Martin Korella – Lebensüberdruss

Marion und Martin, die sich seit ihrer Jugend kannten (vgl. V, S. 22), verließen gemeinsam die Heimat. Als Marion ihm mitteilte, dass sie Deutschland verlassen werde, war Martins Antwort „Natürlich komme ich mit" (V, S. 24). Martins war sehr träge und schlief bis zum Mittag und spazierte ziellos Stunden in der Stadt (vgl. V, S. 23–24). Seine Monatsrente von 200 Mark zahlten ihm seine Eltern mit viel Klagen und Schimpfen, dennoch waren sie stolz auf ihr etwas spezielles Kind (vgl. V, S. 24). Bezüglich seines beruflichen Werdegangs war er ein erfolgloser Schauspieler, nach dieser bedauerlichen Feststellung entschied er sich für die literarische Karriere. Doch auch hier zeigte sich seine Tätigkeit sehr schwerfällig; er veröffentlichte nur einige Gedichte und kurze Stücke lyrischer und essayistischer Prosa in Zeitschriften und Anthologien (vgl. V, S. 23).

Wie bei Marion breitete sich das niedergeschlagene Gefühl der Heimatlosigkeit auch bei Martin aus, bei ihm sogar so stark, dass er am Ende dem Heroin verfällt und sich dadurch selbst zerstört. Durch die Beziehung zu Kikjou ist er zunächst von diesem Gefühl abgelenkt bzw. das Gefühl der Heimatlosigkeit wird unterdrückt, bis Kikjou sich aufgrund seines schlechten Gewissens, seines streng katholischen Glaubens und der damit verbotenen homosexuellen Beziehung kurzzeitig von ihm trennt.[63]

An einem Abend besuchte er mehrere kleine Bars am Boulevard Clichy, trank mehrere Cognacs und begegnete dem Drogendealer Pépé. Nach einer aufdringlich sinnlosen Unterhaltung versuchte der Drogendealer, Martin Kokain oder Heroin zu verkaufen, da er ziemlich entschlossen glaubte, dass Martin „[…] ein feiner Kerl" sei mit viel „[…] Weltschmerz", der vom Geliebten verlassen wurde und etwas Trost gebrauchen könnte (vgl. V, S. 96-100). Martin nahm das „[…] Päckchen aus starkem, rotem Papier" (V, S.100). Mit dem Heroin verlangte er kein Glück, er wollte nur ein wenig seinen Zustand verbessern und aus seiner Melancholie herauskommen. „Das Wohlgefühl, das sich einstellte, war unbeschreiblich" (V, S. 102), nachdem er das Heroin durch die Nase zog. An diesem Abend verfällt Martin dem Heroin.

Ab diesem Zeitpunkt dient das Heroin als Ablenkung von der verlorenen Heimat und der Trennung von Kikjou zugleich.[64] Doch Martin hat die Drogen eigentlich nie wirklich gewollt, das Einzige ‚was er in dieser Zeit wollte, ist, den Kontakt zu Kikjou wieder zu finden. „Wenn ich nur Kikjous Adresse wüßte, dann könnte ich ihm gleich ein paar Zeilen schreiben – das wäre jetzt die beste Beschäftigung" (V, S. 97). Mit dem Rausch glaubte Martin seine Probleme in den Griff zu bekommen, diese sogar zu überwinden. Anders als Marion war Martin nicht nur von der Heimatlosigkeit und der Trennung von Kikjou betroffen, auch seine Tätigkeit als Schriftsteller verunsicherte ihn oftmals.[65] Für ihn kamen oft die folgenden Fragen auf: „Für wen schreibe ich diese Chronik der vielen Wanderungen und Verirrungen? Wer wird mir zuhören? Wer wird Anteil nehmen? Wo ist die Gemeinschaft, an die ich mich wenden könnte … Unser Ruf geht ins Ungewisse – oder stürzt er gar ins Leere?" (V, S. 194). Diese Verunsicherungen und Selbstzweifel kamen auch bei Mann bezüglich seines literarischen Werdegangs im Exil auf. In *Wendepunkt* zweifelt er: „Für wen schreibe ich? Diesmal bin ich nicht es, der seufzt oder ich seufze doch mit fremdem Atem" (W, S. 430).

Nachdem Kikjou wieder zurückkam, nahm Martin weiterhin Drogen, was darauf schließen lässt, dass er die Drogen am Ende nicht mehr als Ablenkung von seinen Problemen zu sich nahm, sondern aus Sucht. Diese Sucht führt am Ende dazu, dass sich beide Figuren voneinander distanzieren und die Sucht Martin in den Tod führt. Zu Beginn diente Kikjou als Ablenkung für die verlorene Heimat und das damit verbundene schwere Exilleben, nach der

---

[63] Vgl. ebd. S. 53.
[64] Ebd.
[65] Vgl. ebd. S. 54.

Trennung diente das Heroin als Ablenkung für alles Verlorene:[66] die Heimat, Kikjou und die zugleich unsichere und erfolglose literarische Berufung, zuletzt auch sich selbst. Auch Mann musste sich während des Exils häufig einer Entziehungskur unterziehen. Er hatte am Ende des Exils Schwierigkeiten mit seiner Berufung als Schriftsteller. Ihm fiel es nach dem „amerikanischem Leben" nicht mehr leicht, etwas auf Deutsch zu verfassen, ohne dass seine Texte englische Züge aufwiesen. Zu seinem Schwanken zwischen zwei Sprachen schrieb Mann selbstkritisch in seinem Aufsatz *Das Sprach-Problem* (1947):

> „Es war im Verlauf dieser peniblen Arbeit, daß mir erst so recht klar wurde, wie sehr meine englische Ausdrucksweise, meine englische Denkungsart sich schon jetzt von meiner ursprünglichen, deutschen unterscheidet. Es ist wohl etwas wie eine psychologische Spaltung, ein schizophrener Prozeß, den man durchmacht, wenn man zweisprachig zu werden versucht – interessant, aber beunruhigend."[67]

Nicht zuletzt starb Mann durch eine Überdosis an Schlaftabletten – wie Martin Korella, der Züge von Mann selbst trägt.

3.3 Kikjou – Gottesfurcht und Frömmigkeit

Beim erstmaligen Erscheinen der Figur Kikjou wird sein Aussehen wie folgt beschrieben: „Kikjous Haar hatte einen mattgoldenen, fast honigfarbenen Ton [...]". Seine Augenbrauen waren „[...] wie mit einem Kohlestift gezeichnet [...]" (V, S. 31). Er hatte rund geschnittene, weitgeöffnete Augen mit einer unbestimmbaren Farbe. Zudem wirkten seine Augen sanfter, blasser und weicher (vgl. V, S. 31). „Kikjous Stirne war wie aus Perlmutter geformt, sie hatte ein mattes Leuchten. Kikjou war auffallend hübsch – zu hübsch, anstößig hübsch für einen jungen Mann [...]" (V, S. 32). Kikjous Verwandte lebten in Rio de Janeiro, in Lausanne und teils ländlich gelegen in Belgien. Sein Vater, der in Brasilien wohnte, war Chef einer Firma und zwang den Sohn, mit ins Geschäft zu ziehen, welcher allerdings nicht überzeugt von dieser Arbeit war und sich somit für die dichterische Laufbahn in Paris entschied (vgl. V, S. 61). Er bestand darauf, „[...] in Paris zu sein und Gedichte zu machen [...]" (V, S. 61). Dementsprechend finanzierte der Vater ihn nicht immer, weil er sich nicht vernünftig beschäftigte. „Oft ist die Kasse leer [...]" (V, S. 61).

Hin und wieder besucht er seinen frommen Onkel in Belgien, welcher sich mit „[...] Heiligenbildern, Reliquien, geweihten Kerzen und lateinischen Büchern [...]" (V, S. 61–62) umgab. Es ist sehr wahrscheinlich, dass die Frömmigkeit des Onkels Kikjou auf emotionaler

---

[66] Vgl. ebd. S. 55–56.
[67] Strohmeyr (2000). S. 147–148.

Ebene geprägt und fasziniert hat. „Er hat seine eigene Kapelle […]. Ich fühle mich wohl bei ihm; wenn ich nicht fürchten müßte, ihn zu stören, wäre ich immer dort" (V, S. 62).Des erweckt den Eindruck, dass sein Onkel ein völlig bewundernswerter Mensch ist, Kikjou hat keine Hemmungen, über ihn zu schwärmen. Weiter berichtet er Martin über die Visionen seines Onkels; „Manchmal hat er auch Visionen […]. „Engel suchen ihn auf. Er erzählt, daß es immer so ein metallisch klirrendes Geräusch gibt, wenn sie in seine Stube treten. Das kommt von ihren Flügeln, die ständig in Bewegung sind; es ist wie ein nervöser Tick, […] aber dabei sehr großartig" (V, S. 62). Nebenbei bemerkt ist auch Kikjou die Figur im Roman, die die Engelsvisionen sieht.

Als homosexueller streng Gläubiger verkörpert er eine paradoxe Position. Zwar trennte er sich kurzzeitig aufgrund seiner Religion von Martin, jedoch kehrte er wieder zu ihm zurück, was darauf anspielt, dass er nicht so fromm sein kann, wie er vorgegeben hatte. Erst nach dem Tod Martins trat die komplette Hinwendung zu Gott in den Vorderschein.

Wie völlig umgestellt zog sich Kikjou „[…] irgendwo auf dem Lande" zurück (V, S. 351) und verbrachte seine Zeit in der Unterkunft und morgens ging er zur Kirche und beichtete. Er war davon überzeugt, dass er mitschuldig an dem Tod Martins war. „Ich habe einen Menschen getötet – oder bin doch mit-schuldig an seinem Tode. Den schwarzen Mächten habe ich ihn überlassen, weil es meine Neugier reizte und mich scheußlich lüstern machte, seine Verzauberung, seinen Verfall und Absturz zu beobachten. […] Ich muß furchtbar büßen …" (V, S. 351.) Das Heroin beschreibt er als „die schwarze Macht", als wüsste er genau, von was er spräche, da er Martin nicht nur zusah, wie er die Drogen einnahm, sondern mitmachte und das Verfallen in den Rausch mitfühlend beschreiben konnte. Auch will er ins Kloster gehen, um Reue zu empfinden; „Ich will ins Kloster gehen […] ich will der Welt entsagen … mein Leben ganz dem Dienst des Herrn weihen …" (V, S. 351).

Am Ende des Romans gestaltet sich Kikjou vom Heimatlosen zum Familienoberhaupt (vgl. V, S. 518). Nachdem sein Vater an den Folgen seines Magenkrebses gestorben war, riefen ihn seine Schwestern aus Rio an, um ihn um die sofortige Rückkehr zu bitten, da nun jemand die Geschäfte des Vaters übernehmen muss (vgl. V. S. 518). Leider wusste Kikjou nicht wirklich, wo er hingehört; Rio ist sicherlich nicht seine Heimat. Das Exil seiner Freunde die Welt der Heimatlosen, wurde zu seiner Heimat. „Nach Hause –: wie seltsam es klingt! Was geht Rio de Janeiro mich an? Eine fremde Stadt. Was bedeuten mir meine Schwestern? Unbekannte Damen. Ich habe kein Zuhause. Zu lange habe ich mit denen gelebt, die heimatlos sind – ich gehöre zu ihnen, meine Brüder sind sie" (V, S. 519). Hinzu kommt am Ende das bekannte

Passproblem, dies geschah zur Strafe, weil er in Spanien bei den Loyalisten war und sich von seiner Heimat lange Zeit ferngehalten hatte (vgl. V, S. 518).

Die Engel, denen Kikjou im Roman begegnet, suchen ihn zweimal heim. Die erste Erscheinung findet im zweiten, die zweite Erscheinung im dritten Teil des Romans statt. Der erste Engel, dem Kikjou begegnet, scheint eher gemein und fürchterlich zu sein als der Engel, den Kikjou beim zweiten Mal trifft. Bei beiden Erscheinungen ist er „[…] kaum erstaunt […]" (V, S. 354). Die Engel suchen Kikjou heim, um ihn auf eine Reise mitzunehmen, um über die Weltereignisse und den Stand seiner alten Freunde zu informieren. Auch wird Kikjou im Laufe seiner Reise mit den Engeln bewusst, dass er unsichtbar ist und mit seinen alten Freunden weder reden noch sie anfassen kann.

Die erste Reise geht nach Spanien, sie befinden sich „[…] am Rande der Stadt Madrid, in der Universität, der Ciudad Universitaria" (V, S. 357). Marcel, „[…] son grand frère" (V, S. 357) *von Kikjou,* der zuvor nach Spanien reiste, um zu kämpfen, befand sich mitten in den Trümmern des Hörsaals (vgl. V, S. 358). Kikjou bekommt einen Einblick der tapferen spanischen Widerstandskämpfer des spanischen Bürgerkriegs. Inmitten des Bodens im Hörsaal liegt eine Person. Es war Marcel. Er war verwundet, „[…] sein Gesicht ist von Blut und Tränen entstellt", seine „[…] rechte Hand ans Herz gepreßt, unter einem grau-grünen, dicken Hemd sickert Blut hervor, er ist in die Brust getroffen – ins Herz getroffen ist Marcel, er stirbt" (V, S. 357). Als „Gefangener des Engels" (vgl. V, S. 358) kann Kikjou nicht zu ihm, ihn anfassen und liebkosen (vgl. V, S. 358). Auch konnte er „[…] in seiner Verzauberung nicht weinen" (V, S. 358). Marcel wollte zum Ganzen gehören, mitkämpfen. Hans Schütte, ein Kamerad Marcels, mit dem er Seite an Seite gekämpft und Madrid gegen eine Übermacht gehalten hat, ist traurig über den Verlust seines Freundes, allerdings entgeht Kikjou und dem Engel nicht der stolze Bericht, wie sie die Nazis und die Faschisten und die Franco-Leute und ihre Fremdenlegionäre zurückgeworfen haben (vgl. V, S. 360). „Kikjou, le petit frère de Marcel […]" (V, S. 360) konnte sich von seinem Marcel nicht verabschieden, der unsensible Engel schlug seine Federn auf und es ging zur nächsten Reise. Sie befinden sich in einer Theatergarderobe, bei Marion (vgl. V, S. 361). Plötzlich ruft der Engel taktlos „Marcel ist tot! Ins Herz getroffen! Tot!" (V, S. 361). Durch diese höhnische Stimme schreckt Marion auf und findet niemanden, der ihr das zugerufen hat, und zweifelt nicht, dass diese unsichtbare Stimme die Wahrheit gesprochen hat, da sie „[…] ihr Gesicht in die Arme wirft, und endlich weint" (V, S. 361). Kikjou, wie völlig gefesselt, kann seine Freundin nicht trösten, „[…] darf sich nicht von ihr trösten lassen; muß hilflos stehen, sprachlos, atemlos, blicklos, unsichtbar;

muß wieder auf und davon, mörderisch gepackt von seinem heiligen Monstrum […]" (V, S. 361). Die nächste Reise führte ihn zu Madame Poiret, Marcels Mutter, der sich vor dem Kriegszug nicht von ihr verabschiedet hatte (vgl. V, S. 361). Auch zu ihr ruft der Engel sehr taktlos „Marcel ist tot!" (V, S. 362) zu. Kikjou muss hier mit Bedauern zusehen, wie Madame Poiret „enerviert" mit dem Kopf „zuckt" (vgl. V, S. 362).

Am Ende der „entsetzlichen" Fahrt betet Kikjou; „Herr Jesus Christ, Erlöser, habe Erbarmen mit uns!" (V, S. 363). Der Engel setzte ihn ohne Worte ab und hinterließ nur den „[…] Geruch nach Mandelblüten und überirdisch feinem Benzin […]" (V, S. 361).

Die zweite Begegnung mit dem „Engel der Heimatlosen" (vgl. V, S. 521) folgt im dritten Teil des Romans. Auch bei der zweiten Begegnung war Kikjou kaum erschrocken. Er „[…] reagierte so matt, daß es kränkend wirkte" (V, S. 520). Die erste Frage, die Kikjou dem „Engel der Heimatlosen" stellte, war, ob er schon mal da gewesen ist, da der Engel verneinte, schon mal da gewesen zu sein (vgl. V, S. 521). Der „Engel der Heimatlosen" – doch Kikjou glaubt nicht daran, zu den Emigranten zu gehören, obwohl er sich doch als aus einem ihrer Kreise empfindet (vgl. V, S. 522). Der „Engel der Heimatlosen" schien im Gegensatz zu dem ersten Engel, „[…] der ihn vor langer Zeit in Schnee und Sturm gerissen hatte […]" (V, S. 521), etwas sensibler und freundlicher. Zunächst unterhielten sie sich, Kikjou erzählte dem Engel über sein Vorhaben: Er würde gerne Martins Buch vollenden, der „[…] es nur bis zum Vorwort […]" geschafft hat (V, S. 526). Das Buch soll eine Chronik der „[…] Verwirrungen, Leiden, auch der Hoffnungen" sein (V, S. 527).

Bei der zweiten Reise soll Kikjou alte Freunde wiedersehen und neue Bekanntschaften machen (vgl. V, S. 530). Die erste Reise führt ihn in die Vereinigten Staaten zu Marion (vgl. V, S. 532). In einer bescheidenen Villa saß Marion gemeinsam mit ihrem Sohn Marcel und ihrem Gefährten Benjamin Abel (vgl. V, S. 532). Er freut sich, Marion wiederzusehen, stellte allerdings auch leicht beleidigt und ironisch fest, dass Marion ihm ihre Adresse nie gegeben hatte und er sich in Zukunft mit den Engeln verbünden muss, um sie auffinden zu können (vgl. V, S. 532). Ironischerweise war Kikjou allerdings die Person, die nach Martins Tod abrupt verschwand, ohne seinen Freunden ein Wort gesagt zu haben. Die nächste Reise führt ihn nach Paris zu seinem alten Freund David Deutsch. Er kommt an einem bekannten Schauplatz in einem kleinen Restaurant an der Ecke Boulevard St. Germain – Rue des Saints-Pères an, in dem Kikjou sich oft mit seinen Freunden, unter anderem auch mit Martin, aufhielt (vgl. V, S. 534). David Deutsch, der sich an einem Tisch mit zwei älteren Herren aufhielt, saßen schweigsam zu dritt da, er las eine hebräische Zeitung. Kikjou musste erneut mit

Bedauern zusehen, dass sein Freund von einem Gast aufgrund der hebräischen Zeitung angespuckt wurde. Zwar nicht direkt, aber knapp an ihm vorbei (vgl. V, S. 534–536). „A bas les sales Juifs! " (V, S. 537). Diese Szenerie ist aus Manns eigener Erfahrung bekannt. Im ersten Teil des Romans fügt er diese Erfahrung hinzu, als David, Marion, Martin und Frau Schwalbe gemeinsam am gleichen Tisch und am gleichbekannten Schauplatz etwas aßen. Im dritten und letzten Teil lässt Mann das Erfahrene nicht hinter sich und fügt dieses Szenario erneut hinzu. Die nächste Reise führt nach Spanien, Tortosa, zu Hansch Schütte, der gegen den Faschismus in Spanien gekämpft hat (vgl. V, S. 539). Seine Arbeit als Widerstandskämpfer in Spanien war abgeschlossen, nun stand er kurz vor der Abreise. Wohin ihn sein Weg führen sollte, war nicht ganz klar. „Wohin soll ein Deutscher oder ein Italiener sich wenden, nachdem er gegen die Faschisten gekämpft hat? Ihm bleibt nichts übrig, als weiter gegen die Faschisten zu kämpfen – an welcher Front, in welchem Land es auch immer sei – anders kann er die verlorene Heimat nicht zurückgewinnen" (V, S. 541). Die nächste und letzte Reise führt nach Deutschland in die Ostmark, eine Provinz im Dritten Reich (vgl. V, S. 542) Auf dieser Reise sieht Kikjou eine Figur, sie nur im Prolog und im Epilog des Romans auftritt: den deutschen Deserteur Dieter (vgl. V, S. 542). Dieter war zu Anfang, also im Jahr 1933, „[…] unwissend und mit gewissen Vorbehalten" (V, S. 542) für die Nazis, schimpfte auf die Emigranten und die emigrierten Freunde, ließ es nicht aus, ihnen kränkende Briefe zu verfassen, da er es falsch fand, sich gegen dem Regime zu stellen und das Vaterland zu verlassen. Sieben Jahre darauf wurde auch Dieter zum Heimatlosen, jedoch nicht im Exil, sondern in der fremd gewordenen Heimat (vgl. V, S. 544). Kikjous Neugier war groß, warum sich Dieter erst jetzt zu fliehen entschloss. Der Zweite Weltkrieg wird erwartet, der Führer wird sie alle wegen der Sudeten marschieren lassen, „[…] am liebsten möchten alle desertieren, aber nur wenige haben den Mut. Dieter setzt alles auf eine Karte. Sein Leben wäre gefährdet, auch wenn er im Lande und gehorsam bliebe. Lieber riskiert er es für die Freiheit" (V, S. 544). Am Ende der Reise wacht Kikjou wieder in seinem Zimmer auf. Der Engel spricht noch einige lebenswichtige Worte vor dem Abschluss des Epilogs.

4. Die zwei Hauptmotive des Romans

Die zwei Hauptmotive des Romans sind entgegengesetzte Pole. Das erste Motiv ist der Vulkan, welcher seit dem ersten Teil des Romans erwähnt wird und bis zum letzten Teil eine gravierende Rolle spielt. Sicherlich auch deswegen, da das Motiv den Namen des Romans prägt. Das Motiv des Vulkans dient als Metaphorik für den Nationalsozialismus und auch für den sich weiterausbreitende Faschismus in Europa. Oft wird er als die heraufbeschworene Naturkatastrophe dargestellt, die bald ausbricht, wenn man nicht achtsam ist und dagegen ankämpft. Das Motiv benutzte Mann nicht nur in seinem Roman *Der Vulkan*, sondern erwähnte es auch oft in seiner Autobiografie *Der Wendepunkt*. „Die Luft im Dritten Reich war für gewisse Lungen nicht zu atmen. In der Heimat drohte Erstickungstod" (W, S. 331). Der Gasausstoß, der unmittelbar nach einem Vulkanausbruch folgt, sorgt für den Erstickungstod, Mann beschreibt auch den Nationalsozialismus als den Vulkan, ehe er sich weiter ausbreitet; und wenn man nicht dagegen kämpft, bricht er völlig aus und lässt nur Schäden zurück. Auch erwähnt er: „[…] man bewegte sich auf vulkanisch unsicherem Boden. Je mehr Macht und Prestige das Dritte Reich gewann, desto prekärer wurde die Position der deutschen Antifaschisten, im Lande selbst und draußen, im Exil" (W, S. 390). Hier spielt Mann auf die Gefahr nach dem Ausweiten des Faschismus an – man ist nicht nur gefährdet im Land, sondern auch im Ausland. Auch lässt er es nicht aus, Deutschland als „Hölle" zu bezeichnen; „[…] und wenn man wieder zu sich kam, war man in Deutschland: in der Hölle also" (W, S. 343).

Als Gegenpol zu der heraufbeschworenen Naturkatastrophe gelten die Engel, die als Zeichen der Hoffnung und Zuversicht stehen. Die Engel suchen den gewollt frommen Kikjou auf, die erste Erscheinung des Engels zeigt die Folgen des Exils. Die zweite Erscheinung des Engels im letzten Teil des Romans beweist, dass es noch Hoffnung auf das Gute gibt, und ermutigt den Leser zum Kampf, zum Optimismus und zum Glauben. Der Glaube ist das Ziel. Wie ein Apell der höchsten Instanz fordert Klaus Mann selbst den Leser zum Kampf auf, einen Kampf gegen den Faschismus.

4.1 Die Naturkatastrophe: *Der Vulkan*

Die Vulkanvisionen werden im Roman der Figur Marion zugerechnet. Die erste Vision hat sie im Urlaub mit Marcel, als ihr im Zimmer schwindelig wurde und das Zimmer unter ihren Füßen schwankte (vgl. V, S. 168). In dieser Szene bekam sie plötzlich Angst, sie sah eine Gefahr kommen; „[…] Gefahren überall… Oh wir sind schon verloren!" (V, S. 168). Plötzlich sprang der Abgrund vor ihnen auf, und aus diesem Abgrund stiegen Feuerbrände, Qualm in dicken Schwaden, und Felsbrocken, die empor geschleudert wurden. „Es war der Krater eines Vulkans" (V, S. 168). Diese Vision erscheint im ersten Teil des Romans, in der

Zeit, als der Zweite Weltkrieg noch nicht ausgebrochen ist. Diese Vision scheint eine Alarmierung des Autors selbst zu sein, da im Anschluss ein Appell des Autors an die Figur folgt: „Hüte dich, Marion! Wage dich nicht zu sehr in die Nähe des Schlundes! [...] Auch könnte es sein, daß du am Qualm elend ersticken mußt. Hütet euch, Marion und Marcel. Furchtbar ist der Vulkan. Das Feuer kennt kein Erbarmen. Ihr verbrennt, wenn ihr nicht sehr schlau und behutsam seid. Warum flieht ihr nicht? Oder wollt ihr verbrennen?" (V, S. 168, 169). Letzteres richtet die Alarmierung an die inneren Emigranten im Dritten Reich. Die ewige Debatte um die innere und äußere Emigration wird auch hier wieder neu aufgenommen. Mann kritisierte jedoch nie alle, da er selbst Freunde hatte, die zurückgeblieben waren, freilich war er nur der Auffassung, dass alle Hinterbliebenen sich entbehrlich in Gefahr gebracht haben. Diese Auffassung lässt er auch im Prolog und Epilog seines Romans nicht aus.

Die nächste Vision traf Marion, als sie gemeinsam mit Benjamin im Wohnzimmer ihres Hauses war und ein Telegramm mit der Aufschrift „SOS" in der Hand hielt und wieder schlagartig die Vision bekam; „Prag wird fallen! [...] Frankreich und England werden die Tschechoslowakei so wenig verteidigen, wie sie das arme Österreich verteidigt haben" (V, S. 510). „Eure Stadt wird brennen! [...] Troja wird fallen! Wird brennend! (V, S. 511). „Auch die spanische Republik wird untergehen – ein paar Dutzend Millionäre wünschen es. Tschechische Flüchtlinge, spanische Flüchtlinge; auch französische und Schweizer Flüchtlinge könnte es noch geben" (V, S. 511). „In Wien wütet der Selbstmord wie eine Epidemie. Das neue Barbarentum, die Faschisten, die Hunnen – nicht einmal kämpfen müssen sie! Ohne Kampf lässt man sie siegen! Sie begegnen keinem Widerstand, keinem Gegner! Man läßt das Scheußliche rasen, zerstören [...] als wäre es eine Naturkatastrophe!" (V, S. 511). Im Laufe des Romans sieht Marion insgesamt vier Visionen des Vulkans. Diese skizzieren wichtige Verknüpfungspunkte in der Chronologie der Ereignisse; die erste Vision zeigt den Beginn von Martins Selbstzerstörung, die zweite Vision stellt die faschistische Invasion auf Mallorca dar und die letzte die Annexion Österreichs.[68] Diese Visionen „[...] durchmustert ein eschatologischer Blick und deutet sie als ein Menetekel der finalen Katastrophe, als einen Alptraum [...]"[69] .

---

[68] Vgl. Schmidt (2003). S. 249–250.
[69] Schmidt (2003). S. 250.

4.2 Engelsgestalten: Die Zuversicht

Bekannterweise suchen die Engel die Figur Kikjou auf. Der erste Engel erscheint im zweiten Teil des Romans und der zweite Engel im dritten Teil des Romans. Das Auftreten des ersten Engels, der Kijou aufsucht, sorgt für Antipathie. Sein äußeres Erscheinungsbild wird wie folgt beschrieben; „Sein Haar ist fast wie eine Mähne –; [...] sehr lockig und üppig, wohl auch widerspenstig; wenn nicht ein schmales Silberband es zusammenhielte, würde es wie ein barocker Glorienschein um dieses sportlich harte Jünglingsgesicht wehen und flattern. [...] Trotzdem bleibt es eine erschreckende chevelure [...]" (V, S. 355). „Die exzentrische Pracht solcher Kopfbedeckung kontrastiert seltsam zu dem schmucklosen Anzug des Engels. Er trägt eine Art von eng anliegendem Overall aus festem silbergrauen Gewebe, sehr einfach geschnitten, Hose und Jackett in einem Stück" (V, S. 355–356). Neben dem äußeren Erscheinungsbild wirkt er auch sehr ungeduldig, was seinen Zorn betrifft, nach einer etwas sinnlosen Bemerkung Kikjous wird er auf Anhieb zornig und lässt seine Wut sofort aus. „Er läßt seine Stimme hören, welche grauenhaft brummt: Unsinn! Sei still! Das ist Unsinn!" (V, S. 356). Der erste Engel scheint im Gegensatz zum „Engel der Heimatlosen", welcher im dritten Teil erscheint, sehr taktlos und weniger feinfühlig. Dies wird aufgrund seiner unbarmherzigen Art klar (vgl. V, S. 356). Die Taktlosigkeit wird auf der zweiten Reise deutlich, als er mit Kikjou zusammen von Spanien aus zu Marion reist und den Tod Marcels wie „[...] ein grausamer Engel mit tiefer, etwas brummender, beinah höhnischer Stimme [...]" (V, S. 361) in den Raum zu Marion ruft. Marion, völlig erschrocken und entsetzt, wendet sich zur unsichtbaren Stimme und fängt anschließend an zu weinen, während Kikjou wie ein Gefangener des Engels völlig hilflos zusehen muss, wie seine Freundin leidet (vgl. V, S. 361). Die Insensibilität beweist er nochmal auf der nächsten Reise zu Madame Poiret, der Mutter von Marcel, als er auch hier „[...] mit grausamer Hartnäckigkeit [...]" (V, S. 362) in den Raum ruft, dass Marcel tot ist. Das Leiden Madame Poirets ist kaum zu überlesen: „Mein Sohn! Mein Sohn! Er ist tot! Ich habe ihn geboren – er lebt nicht mehr! Er ist Fleisch von meinem Fleische, und lebt nicht mehr. Wie darf ich noch leben?" (V, S. 363).

Die Erscheinung des ersten Engels wirkt grausam und ist mit Pessimismus verbunden. Der Zweite Weltkrieg ist im zweiten Teil des Romans „noch" nicht ausgebrochen, das Pessimistische an dem ersten Engel könnte man als Interpretation für die allmählich kommenden Gefahren sehen.

Anders als die Erscheinung des ersten Engels zeigt sich bei der zweiten Erscheinung des „Engels der Heimatlosen" eine viel freundlichere und feinfühligere Art. Das äußere Erscheinungsbild wird wie folgt beschrieben: „[…] seine Stimme klang müde. Er sah mitgenommen aus, beinah schäbig. Sein langer schwarzer Mantel war ramponiert und stellenweise zerrissen. Selbst die Flügel […] die ihm ziemlich tief am Rücken saßen-wirkten zerzaust. Auf dem Kopfe saß ihm ein bestaubter kleiner Hut, […] wie viele Herren sie zum Straßenanzug tragen. Unter dem Hutrand strahlten überirdisch die Augen" (V, S. 521). Die erste Reise führte den Engel in die Vereinigten Staaten zu Marion. Als der Engel sich Marion näherte, löste sie wieder eine Kriegsprophezeiung aus. Sie spürte die Nähe des Engels und fürchtet sich (Vgl. S. 533) doch für den kleinen Sohn Marcel ist die Nähe des Engels angenehm, er war „[…] erst vier Wochen alt, und dem Paradiese noch nicht fremd geworden" (V, S. 533). Das Fürchten Marions scheint auf dem ersten Blick so zu sein, als wäre der „Engel der Heimatlosen" furchterregend, allerdings könnte sich das Fürchten auch auf die damit verbundene abrupte Kriegsprophezeiung beziehen und eine Warnung des Engel sein, dass sie auf der Hut sein und auf sich gegenseitig aufpassen sollen: „Ich fürchte mich […] vielleicht wird doch Krieg kommen […]" (V, S. 533). Auch wirkt der „Engel der Heimatlosen" im Gegensatz zum ersten Engel wie ein Schutzengel und damit so, wie man sich Engel vorstellt. Diese Fürsorge wird auf der Reise nach Paris zu David Deutsch deutlich, als der „Engel der Heimatlosen" David den Mund zuhielt, nachdem dieser von einem Pariser Kavalier aufgrund Davids hebräischer Zeitung beschimpft und beinahe angespuckt wurde (V, S. 536–537) „David hätte geschrien. Sein Mund verzerrte sich; Zuckungen liefen über die wachsbleiche Miene; […] Er hätte geschrien; doch der Engel ließ es nicht zu. Er neigte sich über ihn, er legte ihm die flache Hand vor den Mund. Er beschützte ihn mit seinem Mantel und mit seiner Hand. Er wollte nicht, daß er schrie" (V, S. 537). Der Aufschrei hätte alles schlimmer gemacht (vgl. V, S. 537). Zudem rief der Engel David zu, als würde er ihm in sein Gewissen sprechen: „Klage nicht, David! Ich bin bei dir – dein Engel! Sei demütig! Sei stolz! Sei besonnen und fromm! Unterdrücke den Laut des Jammers! Dein Engel hat ihn gehört" (V, S. 537) Die Feinfühligkeit des Engels wird auch zusätzlich bemerkbar, nachdem er mit Vorsicht seine Hand von Davids Mund löste, ganz langsam und vorsichtig, weil er sich fürchtete ihm weh zu tun, denn David hätte nicht noch mehr Schmerz verkraften können (vgl. V, S. 538) „Das Maß war voll; der Engel wußte, was Menschen zu ertragen fähig sind" (V, S. 538). Auch ist dieser Engel barmherzig. Seine Barmherzigkeit wird dadurch deutlich, dass er auch den deutschen Deserteur Dieter, welcher zu Beginn aufgrund seines Unwissens zu den Nazis wechselte, vor dem Sturz in die Tiefe schützte. Der Engel „[…] stützte ihn, hielt ihn; er bewahrte ihn vor dem Fall" (V, S. 545). Seinem neuen Schützling rief er zu: „Du sollst nicht untergehen! [...]" (V, S. 545). Als Abschluss appelliert der Engel an die Heimatlosen; „Seid wachsam und tapfer –: dies fordert meine Liebe von euch! Seid energisch, seid realistisch, seid auch gut! Plagt euch! Kämpft! Habt Ehrgeiz und Leidenschaft, Trotz, Liebe und Mut! Seid rebellisch! Seid fromm! Bewahrt euch die Hoffnung! Steht auf eigenen Füßen!" (V, S. 554) Dieser Appell richtet sich an die Heimatlosen und ermutigt sie, trotz des bösen Exilschicksals niemals die Hoffnung auf das Gute aufzugeben und nicht den Glauben an Gott zu verlieren. Wenn es dennoch nicht funktioniert, ruft der Engel zum Kampf auf, mit Ehrgeiz solle man kämpfen und niemals aufgeben. Der zweite Engel strahlt einen gewissen Optimismus aus, welcher dazu führt, dass die Hoffnung niemals aufgegeben werden sollte und die Dinge einen guten Lauf nehmen. Der Kampf um das Gute wird sich am Ende lohnen.

5. Fazit

Das Exilschicksal hat Manns Leben völlig geprägt, da dies in seinen unzähligen Werken, besonders in den im Exil entstandenen Werke, oft zu Papier gebracht wurden. Sehr viele autobiografische Züge weist sein Roman *Der Vulkan* auf. Die Seiten des Exils und des Exillebens zählt er lückenhaft in seinem Roman auf. Die eigenen Erfahrungen, die er durchlebt hat, schließt er kaum aus.

Die Sorgen des Exils beschreibt er in den einzelnen Figuren des Romans, angefangen mit dem bekannten Passproblem. Nachdem ihm die Staatsbürgerschaft entzogen wurde und er endgültig das Gefühl der Staatenlosigkeit und die Heimatlosigkeit zu spüren bekam, zeigte es das auch als schlimmste Gefühle seiner Figuren. Verbunden mit der Heimatlosigkeit knüpft Mann auch an die Einsamkeit und Melancholie in den Charakter der Figuren an, was zur Hoffnungslosigkeit wie bei Marion, zum Drogenkonsum wie bei Martin oder zur Frömmigkeit wie bei Kikjou führt. Zu Beginn sind alle Charaktere voller Optimismus; alle glauben an die baldige Rückkehr in die Heimat. Doch der Glaube wird nach und nach mit der Realität konfrontiert. Die Hoffnungslosigkeit bei Marion führt zu leicht paranoiden Verhaltensweisen. Die Visionen des Vulkans, die sie im Laufe des Romans insgesamt viermal hat, sind ein Zeichen für die Vorbereitung des Krieges. Auch bewies Manns Umfeld die Schwere und die Last des Exils. Viele seiner Freunde nahmen sich im Exil das Leben, der Todeswunsch spielte auch in Klaus Manns Leben und in seinen Werken eine wichtige Rolle. Der Drogenkonsum war meist die Ursache für den Tod der meisten Exilierten, wie auch bei

Martin Korella, welcher aufgrund diverser Gründe mit dem Drogenkonsum sein Leben aufs Spiel setzte und diesen auch wachsen ließ. Auch fügt Mann ein interessantes Motiv in den Roman: die Frömmigkeit. Der Glaube an Gott spielt bei der Figur Kikjou eine besondere Rolle, die Frömmigkeit gibt eine Verknüpfung zu den Engeln, die im Roman erscheinen. Bei Kikjou ist es zu Beginn die Gottesfurcht, er fürchtet sich vor Gott, weil die Beziehung mit Martin ethisch betrachtet mit seinem streng katholischen Glauben nicht vereinbar ist. Die Liebe und Sehnsucht zu Martin ist dann aber wieder so stark, dass er am Ende zurückkehrt. Nach dem gemeinsamen Drogenkonsum mit Martin folgen erneut die Gottesfurcht und die damit verbundene Frömmigkeit. Kikjou ist sich bewusst, dass das Konsumieren von Drogen moralisch betrachtet nicht in Ordnung ist, und bricht den Konsum zwar ab, Martin schafft es jedoch nicht und stirbt am Ende. Kikjou glaubt bis zum Ende des Romans, dass er verantwortlich für den Tod Martins ist, und beschließt deshalb, sich ganz dem geistlichen Leben zu widmen, er bittet Gott um Vergebung und ist bereit, zu büßen.

Eine weitere wichtige Problematik, die Mann in seinem Roman thematisiert, ist das zwiespältige Leben im Exil. Im Herzen noch ist man verbunden mit der Heimat, aber gleichzeitig wird die Heimat immer mehr fremd. Der Glaube an ein gutes Ende war bei Mann bis zum Ende da, doch nachdem gewisse Dinge ihren schlechten Lauf genommen hatten, akzeptierte er endgültig, dass die Heimat nie wieder das werden kann, was sie zuvor war. Mit dem zwiespältigen Leben bezieht er sich dabei auf die Sprache. Nach seinem amerikanischen Exil war er hinterher in Deutschland kaum mehr in der Lage, seine Texte komplett auf Deutsch zu verfassen. Dieses Problem zeigt er auch indirekt bei Kikjou: Als dieser dem „Engel der Heimatlosen" von seinem Vorhaben berichtet, Martins Roman fortzuführen, fragt der Engel ihn leicht taktlos, in welcher Sprache er das Buch denn schreiben möchte (vgl. V, S. 526).

Zu den inneren Emigranten pflegte Mann eine ganz klare Meinung. In *Wendepunkt* schreibt er: „Andere behaupteten nachher gekämpft zu haben; sie zählten sich zur ‚inneren Emigration', zu einer diskreten Widerstandsbewegung. Die Frage bleibt, ob unsere Gegenwart, unser Beistand ihnen in den Jahren des Gestankes nützlich und willkommen gewesen wären" (W, S. 332). Oft gab es Unstimmigkeiten zwischen denen, die blieben, und denen, die gingen. Doch Mann gehörte nicht zu den Emigrierten, die die Zurückgebliebenen für ihren passiven Widerstand verfluchten. Es war ihm bewusst, dass nicht alle schlagartig die Heimat aufgrund diverser Verpflichtungen verlassen konnte. Meistens waren es familiäre Verpflichtungen, die die Menschen davon abhielten, das Land zu verlassen.

Selbstverständlich spielten auch emotionale Gründe eine wichtige Rolle. Mann unterhielt den Kontakt zu einigen Zurückgebliebenen, um sie mit literarischem Material für ihre heimliche Widerstandsbewegung im Untergrund vorort zu unterstützen. Seine Wut richtete sich auf diejenigen, die auf die Seite der Nationalsozialisten wechselten. So gab es auch den bekannten Konflikt zwischen Gottfried Benn und Klaus Mann. Dies thematisiert Mann im Prolog des Romans; die Figur Dieter, der am 20. April 1933 einen Brief an seinen Freund Karl schreibt, klagt in seinem Brief über seine Ausreise nach Paris. In dem Brief erwähnt Dieter die Schwierigkeit, die Heimat zu verlassen (vgl. V, S. 11). „Du hast einen Fehler gemacht. Komme zurück!" sind die Worte des Hinterbliebenen. Im Epilog des Romans sitzt Dieter „[…] in einem Café an der Canebière […]" (V, S. 555) und schreibt am 1. Januar 1939 erneut einen Brief an seinen Freund Karl, dem er sieben Jahre zuvor geschrieben hatte, dass die Emigration falsch war und er seine Heimat hätte nicht verlassen sollen. In den Jahren des nationalsozialistischen Regimes ist Dieter aufgrund seines mangelnden Wissens zu den Nationalsozialisten übergelaufen, er kam aber noch rechtzeitig zur Besinnung und erkannte die wirkliche Gefahr des Regimes und verließ Deutschland (vgl. V, S. 544–545) Im Epilog schreibt er: „Manchmal muß ich denken: Wir Vagabunden, wir Heimatlosen, vaterlandsloses Pack haben irgendeinen Schutzengel […]. Der geleitet uns, und der führt uns zurück – eines Tages." „Man geht nicht kaputt - wenn man noch eine Aufgabe hat" (V, S. 558). Es scheint ein persönlicher Wunsch Manns zu sein, dass diejenigen, die im nationalsozialistischen Regime auf die andere Seite wechselten, noch rechtzeitig zur Besinnung kommen und vor der wirklichen Gefahr Schutz suchen. Diesen persönlichen Wunsch ordnet Mann der Figur Dieter zu.

Die Erscheinungen der Engel „[…] weiten den konzeptionellen Rahmen des realistischen Romans über den grauen Alltag der Emigranten zwar aus, aber sie sprengen ihn nicht."[70]

Am Ende des Romans folgt der Appell des „Engels der Heimatlosen" wie ein Aufruf zum Kampf: „Seid wachsam und tapfer! […] Kämpft! Habt Ehrgeiz und Leidenschaft, Trotz, Liebe und Mut! Seid rebellisch! Seid fromm! Bewahrt euch die Hoffnung! Steht auf eigenen Füßen!" (V. S. 554). Dieser Appell scheint mehr ein Aufruf von Mann selbst zu sein. „Schon durch diese Identität erhält der Schluß des Ganzen einen konkreten politischen Bezug. Er läuft denn auch nochmals einem Aufruf zum Aktivismus entgegen und klingt aus mit einem Appell der ‚Höchste[n] Instanz'."[71]

---

[70] Schmidt (2003). S. 318.
[71] Ebd. S. 332.

Bis zu kurz vor seinem Tod glaubte Mann noch an ein gutes Ende, an die Wiederkehr nach Deutschland und alles, was dazu gehört – so, wie es einst einmal war. Der Appell im Roman steht dafür, bis zum Schluss für das Gute zu kämpfen und die Hoffnung bis zum Ende zu wahren.

6. Quellen- und Literaturverzeichnis

Albrecht, Friedrich: Klaus Mann der Mittler. Studien aus vier Jahrzehnten. Bern 2009.

Berendsohn, Walter A.: Innere Emigration. In: Germanistische Beiträge. Gert Melbourn. Zum 60. Geburtstag am 21.5.1972. Dargebracht von Kollegen und Schülern des Deutschen Instituts der Universität Stockholm. Bromma 1970.

Bohnert, Christiane: Brechts Lyrik im Kontext. Zyklen und Exil. Königstein 1982.

Brecht, Bertolt: Über die Bezeichnung Emigranten. In: Gesammelte Werke 9 Gedichte 2. Hrsg. v. Elisabeth Hauptmann. Frankfurt a. M. 1973.

Dirschauer, Wilfried: Klaus Mann und das Exil. Deutsches Exil 1933–1945. Eine Schriftenreihe Nr. 2. Hrsg. v. Georg Heintz. Worms 1973.

Mann, Klaus: Der Vulkan. Roman unter Emigranten. Mit einem Nachwort von Martin Gregor-Dellin. Hamburg 1990.

Mann, Klaus: Der Wendepunkt. Ein Lebensbericht. Darmstadt 1990.

Mann, Thomas: Offener Brief für Deutschland. In: Thomas Mann, Frank Thieß, Walter von Molo. Ein Streitgespräch über die äußere und die innere Emigration. Herausgegeben mit Genehmigung der Nr. 1 I.C.U. Publications Sub Section. Dortmund 1946.

Strohmeyr, Armin: Klaus Mann. Hrsg. v. Martin Sulzer-Reichel. München 2000.

Schmidt, Arwed: Exilwelten der 30er Jahre. Untersuchungen zu Klaus Manns Emigrationsromanen Flucht in den Norden und Der Vulkan. Roman unter Emigranten. Bd. 460. Würzburg 2003.

Schmidt-Bergmann, Hansgeorg: Exil, Widerstand, Innere Emigration, Badische Autoren zwischen 1933 und 1945. Eggingen Isele 1993.

Schult, Sebastian: Wege ins Nichts. Über die Isolation in Klaus Manns Werk. Hamburg 2013.

Szyndler, Anna: Zwischen Glauben und Politik. Christliche Literatur im Dritten Reich als Widerstandsliteratur. Versuch einer literaturtheologischen Deutung. Czestochowa 2011.

Thieß, Frank: Innere Emigration. In: Thomas Mann, Frank Thieß, Walter von Molo. Ein Streitgespräch über die äußere und die innere Emigration. Herausgegeben mit Genehmigung der Nr. 1 I.C.U. Publications Sub Section. Dortmund 1946.

Werner, Johannes: Drinnen und Draußen. Wilhelm Hausenstein zwischen den Fronten. In: Dieter Jakob (Hrsg.): Emigration & Exil. Schwere Zeiten für die Kunst. München 2012.

6. Quellenverzeichnis

http://kuenste-im-exil.de/KIE/Web/DE/Navigation/Kuenste/kuenste.html
(siehe Abschnitt „Künste") [Stand vom 05.03.2018].